Петух Гороскоп 2024

Alina A. Rubi/Angeline A. Rubi

Издается самостоятельно

Авторы:

Анжелина А. Руби и Алина А. Руби

E-mail: rubiediciones29@gmail.com

Редактирование: Анжелина А. Руби

rubiediciones29@gmail.com

Китайский календарь - древний и сложный, он никогда не был упрощен. Во многих культурах лунный календарь заменялся солнечным.

Китайский, исламский и еврейский календари управляются лунными фазами. Это сложная система, поскольку они управляются не только лунными циклами, но и включают в себя солнечный цикл, цикл Юпитера и Сатурна.

Китайцы считают, что универсальная энергия управляется балансом. Важнейшим элементом этого баланса является концепция Инь и Ян. Инь противоположна Ян и наоборот, но вместе они достигают полного равновесия. Эта энергия присутствует во всем сущем, как в материальном, так и в нематериальном.

Символ Инь/Ян разделен на две половины, одна из которых черная (Инь), а другая белая (Ян). Обе части соединены посередине эллипсом, который соединяет их вместе, образуя кривую. Их черный и белый цвета означают, что существует дуализм, и для того, чтобы существовало одно, необходимо, чтобы существовало и другое. Внутри Инь находится круг Ян, который символизирует, что тьма всегда требует света. Внутри Ян находится круг Инь, что говорит о том, что внутри света мы всегда найдем тьму.

Объединяющий их эллипс означает, что все течет, трансформируется и эволюционирует. При дисбалансе любой из этих двух энергий, Инь или Ян, наша жизнь не сбалансирована, поскольку вместе они усиливают друг друга. Мы никогда не должны думать, что одна энергия превосходит другую, они должны совпадать в равной степени.

К сожалению, в нашем обществе существует тенденция отдавать предпочтение энергии Ян, считая, что ее характеристики являются наиболее значимыми. Тем самым мы создаем разделение между духовным и материальным планом, поскольку, снижая значение энергии Инь, мы становимся менее рефлексивными, считая, что восприимчивость — это нечто негативное, так как подразумевает хрупкость.

То же самое происходит и с темнотой, мы не только избегаем ее, но и боимся ее. Обе энергии важны. Мы можем быть духовными существами только тогда, когда существует баланс между Инь и Ян, потому что вы не только светлые, но и темные. Ошибочно ценить и отдавать предпочтение сильному, или действию. Мы должны ценить женское начало и чувствительность, потому что только так мы можем достичь истинного равновесия нашего существа, с позиции любви и твердости.

В знаках китайского зодиака присутствуют энергии Инь и Ян, и именно они определяют характеристики каждого животного и связанные с ними стихии.

Июньская энергия связана с темным, холодным, женским началом, абстракцией, глубиной и Луной. Июньские знаки вдумчивы, чувствительны и любопытны. Это Бык, Кролик, Змея, Коза, Петух и Свинья.

Энергия Ян связана со светом, теплом, поверхностностью, Солнцем и логическим мышлением. Это импульсивные и материалистичные знаки. К ним относятся: Крыса, Тигр, Дракон, Лошадь, Обезьяна и Собака.

Энергии Инь и Ян связаны со стихиями, которые, в свою очередь, будут вытекать из годов, в которые они происходят. Каждый элемент обладает энергией Инь и Ян.

- Годы, оканчивающиеся на цифру **0,** имеют элемент Металл и связаны с энергией Ян.

- Годы, оканчивающиеся на цифру **1**, имеют элемент Металл и связаны с энергией Инь.

- Годы, оканчивающиеся на цифру **2**, **относятся к** стихии Воды и связаны с энергией Ян.

- Годы, оканчивающиеся на цифру **3**, **относятся к** стихии Воды и связаны с энергией Инь.

- Годы, оканчивающиеся на цифру **4**, имеют элемент Дерево и связаны с энергией Ян.

- Годы, оканчивающиеся на цифру **5**, имеют элемент Дерево и связаны с энергией Инь.

- Годы, оканчивающиеся на цифру **6**, имеют стихию Огня и связаны с энергией Ян.

- Годы, оканчивающиеся на цифру **7,** имеют стихию Огня и связаны с энергией Инь.

- Годы, оканчивающиеся на цифру 8, имеют элемент Земли и связаны с энергией Ян.

- Годы, оканчивающиеся на цифру **9,** имеют элемент Земли и связаны с энергией Инь.

Общие предсказания на год Дракона

10 февраля 2024 года начинается сенсационный Год Зеленого Деревянного Дракона, а согласно китайской астрологии, зеленый цвет символизирует жизнь, перемены и рост.

Ассоциированная планета - Юпитер, планета очень благоприятная; мы будем пожинать плоды, посеянные в 2023 году.

Год Дракона в 2024 году принесет нам удачу, процветание, благополучие и прогресс. У нас будет много возможностей для роста и трансформации, но также и вызовов, и сложностей, что подчеркнет необходимость прощения, сочувствия и мирных решений.

В годы, когда стихией является дерево, жизнь вознаграждает людей общительных и профессиональных. Получение высшего образования или путешествие — вот некоторые из возможностей этого года.

У нас будет возможность развить свои лидерские качества, это год новых начинаний и создания структур, рассчитанных на долгосрочную перспективу.

Этот год Дракона благоприятен для перемен и роста, так как энергия деревянного дракона обладает способностью вдохновлять на новые идеи и возвышать наше воображение.

Нам предстоит прожить несколько этапов, которые будут полны трудностей, но именно в эти моменты мы должны использовать энергию дракона, чтобы добиться успеха и преодолеть трудности.

В течение года не забывайте, что дракон олицетворяет перемены и адаптивность - качества, которые помогут нам расти и обновляться.

2024 год будет насыщен возможностями для развития, мы переживем множество политических, экономических, реляционных и экологических конфликтов, подчеркивая, что мирные решения — это ответ на любую проблему.

Этот год будет стимулировать нас к новым делам и развитию предпринимательства, так как энергия Дракона, его качества смелости и амбициозности будут вдохновлять нас.

 У нас разовьется множество адаптационных способностей, а терпение и настойчивость позволят преодолеть все невзгоды и двигаться к успеху.

Этот год также благоприятен для работы над своим духовным ростом, очень важно сохранять концентрацию на своих целях.

В целом, это будет год позитивных перемен и значительных достижений в нашей жизни, когда мы сможем найти любовь, укрепить отношения, добиться экономического и духовного процветания.

Происхождение китайского гороскопа

Китайский гороскоп - традиция, насчитывающая более 5000 лет, и основан на лунных годах.

По преданию, Будда призвал всех животных, однако на его зов явились только двенадцать, расположенные в следующем порядке: крыса, бык, тигр, кролик, дракон, змея, лошадь, коза, обезьяна, петух, собака и свинья.

Каждое животное получало в подарок год, образуя двенадцатилетний цикл, используемый в китайской астрологии. Таким образом, каждый знак имеет название животного, и каждому животному соответствует свой год.

Каждому животному также была присвоена одна из пяти стихий, соответствующих планетарным энергиям:

- вода (планета Меркурий)
- металл (планета Венера)
- огонь (планета Марс)
- дерево (планета Юпитер)
- Земля (планета Сатурн)

Китайский гороскоп выражает аналогию космических энергий с каждым человеком. Поэтому энергия каждого человека представлена одним из двенадцати животных, образующих эту зодиакальную систему.

Каждое животное и соответствующая ему энергия определяются датой вашего рождения. Эти энергии определяют ваше поведение и восприятие мира. Для китайцев эти знаки символизируют наиболее яркие особенности нашего характера. Чтобы правильно понять значение животных, необходимо рассматривать их как духовные символы.

Китайский гороскоп не основан на солнечном цикле, на котором базируется западный гороскоп. Он основан на циклах Луны. Каждый лунный год имеет двенадцать новолуний, а каждые двенадцать лет - тринадцатое, поэтому новый год никогда не совпадает с датой предыдущего года.

Двенадцать животных китайского гороскопа влияют на жизнь, удачу и волю всех людей. Эти качества не проявляются открыто в повседневной жизни, но они всегда присутствуют, действуя в виде скрытых сил.

Китайский двенадцатилетний период связан с транзитом планеты Юпитер, и каждый китайский лунный год в западной астрологии практически соответствует продолжительности транзита Юпитера по знаку зодиака.

В западной астрологии Юпитер всегда находится в том знаке, который традиционно соответствует животному в китайском гороскопе.

Ваш Асцендента согласно китайскому гороскопу.

     Наряду со знаком китайского гороскопа у Вас есть асцендента, определяемый временем Вашего рождения. Это животное будет оказывать сильное влияние на то, какой образ Вы создадите для окружающих, и на события Вашей жизни. Вам также следует прочитать гороскоп для животного, которое представляет ваш асцендента.

Этот знак асцендента символизирует энергию, которую вы можете развить, и характеристики, которые, приложив усилия, вы можете приобрести. Именно поэтому иногда мы обладаем качествами, отличными от тех, которые относятся к нашему знаку.

В китайском гороскопе определить свой асцендента очень просто, единственные данные, которые необходимы, — это время рождения.

Время рождения Животное Асцендента

с 11.00 до 12.59 Крыса

с 3.00 до 4.59 утра.

5.00–6.59 - Кролик

С 7.00 до 8.59 Дракон

9.00–10.59 Змея

С 11:00 до 12:59 Лошадь

1.00–2.59   Коза

с 15.00 до 16.59 Обезьяна

17.00–18.59   Петух

с 7.00 до 20.59 Собака

9.00–10. 59 часов вечера

Свинья **Китайский элемент года 2024, Дерево**

Элемент 2024 года - дерево. Дерево - творческий элемент. Если эта стихия соответствует вам по году рождения, то вам следует направить эту энергию в творческое русло.

Дерево символизирует сострадание и терпимость. Если вы хотите воспользоваться этими энергиями, важно в течение всего года окружать себя натуральными растениями, цветами и зелеными предметами.

Дерево - элемент, связанный со способностью проектировать и принимать решения, поэтому 2024 год будет годом развития, эволюции и расцвета.

Этот элемент связан с пищеварением, дыханием, сердцем и обменом веществ, а в традиционной китайской медицине он гарантирует непрерывный энергетический поток. Применительно к чувствам это означает правильное выражение наших эмоций.

В течение 2024 года дерево поможет нам обрести осознание и понимание объективной реальности. Оно принесет нам твердость и эмпатию в отношениях.

Дерево, связанное с нашей личностью, принесет нам необходимую дозу энтузиазма, решительности и динамизма, чтобы мы могли начать действовать и справиться со всеми трудностями этого года.

Дерево - элемент, необходимый нам в этом году для принятия необходимых решений, для перемен, которые крайне важны.

Благодаря этому элементу мы будем иметь правильные стратегии, способность организовывать и сохранять контроль над всеми процессами, но при этом сохранять гибкость.

Хотя это и элемент 2024 года, если у вас есть бизнес и вы хотите, чтобы он процветал и имел экономическое изобилие, вы должны учитывать и другие элементы.

В бизнесе **стихия Воды** является наиболее важной, поскольку она олицетворяет изобилие, богатство, власть и умение управлять, накапливать и сохранять свои деньги.

Вода не может застаиваться. Она не должна находиться в вазе, если воду не меняют каждый день, так как застой воды препятствует получению прибыли и отталкивает клиентов.

Чтобы деньги текли, должна течь вода. Если у вас есть бассейн, то его нужно чистить, если есть фонтан, то он должен выполнять цикл входа и выхода из него. В аквариуме она должна двигаться и насыщаться кислородом.

В трубах она должна течь, хотя бы раз в день вы должны дать ей течь, открыв запорный кран.

В каждом бизнесе должна быть в движении стихия Воды, иначе он не будет накапливать товары и продвигаться вперед.

Даже если это всего лишь небольшой аквариум или емкость, в которой вода меняется каждый день.

Вода должна находиться у входа в бизнес или в северной или северо-западной зоне бизнеса, где хранятся деньги или осуществляется управление бизнесом.

Элемент Огня в бизнесе должен располагаться на юге помещения.

Она может находиться у входа, в конце или по бокам. Но если речь идет о пищевом бизнесе, то она может располагаться где угодно.

Огонь символизирует популярность и то изобилие, которое не накапливается, поэтому Вода должна использоваться на противоположной стороне от Огня, так как Огонь привлекает клиентуру, а Вода поддерживает экономический поток.

Элемент **Земли** является первозданным, так как это основа, на которой держится все.

Два украшенных сосуда с засушенными цветами или каменный постамент могут символизировать стихию Земли.

Земля должна присутствовать в конструкции, а также находиться в центре помещения или на юго-востоке, поскольку именно там она проявляет себя наилучшим образом. Земля дает безопасность, но должна сопровождаться Огнем на Юге и Водой на Севере.

Земля стабильна, поддается формовке и является отражением всей планеты.

Если вы хотите, чтобы бизнес просто выживал и заботился о земной стихии, этого достаточно.

Элемент Металл очень динамичен и активен, имеет множество возможностей в бизнесе. В прошлом в Китае Металл считался золотом.

Элемент Металл олицетворяет силу и власть, постоянство, безопасность и богатство,

Его позиция - Запад, и не забывайте, что Металл усиливает любую позицию входа и выхода из бизнеса, наряду с кристаллом.

Деревянный элемент является основой конструкции, несмотря на свою хрупкость.

Дерево следует размещать на востоке бизнеса, но желательно располагать его диаметрально по отношению к Металлу.

Металл - на западе, Дерево - на востоке, Огонь - на юге, Вода - на севере, Земля - в центре, чтобы ваш бизнес всегда был успешным.

Значение стихий в китайском гороскопе

Элемент Металл

Люди, родившиеся в годы, оканчивающиеся на 0 или 1 в китайском гороскопе, относятся к стихии металла. Металл, материал, из которого делают щиты и мечи, — это элемент, символизирующий твердость и честность, а также суровость.

Металл - элемент осени, сезона урожая и изобилия. Он двойственен, как и функции его стихии, поскольку в виде меча он ликвидирует, а в виде ложки - питает. Металл происходит из земли, в нем доминирует Огонь, и он преобразует дерево.

Личность этих людей, принадлежащих к стихии металла, имеет тенденцию к ярко выраженной амбивалентности. Лучше всего им работается в одиночестве, так как они ни перед кем не отчитываются.

Они решительны, сами вершат свою судьбу, упрямы, профессиональны и равнодушны к любым попыткам компромисса. Свобода для них превыше всего, и бесполезно пытаться давить на них, а тем более помогать им, потому что они никого не слушают и не приемлют назойливости и препятствий. Они полагаются только на себя и не позволяют никому произвести на себя впечатление, поскольку они сильны и способны совершать великие дела.

Для них не существует трудностей, которые могут их остановить, и даже если ситуация становится несостоятельной, они сопротивляются до конца. Они амбициозны и расчетливы, любят деньги, власть и успех, и не пожалеют средств для достижения своих целей, даже если это будет означать разрыв отношений.

Они предназначены для профессий, позволяющих проявить свою стихию: ювелиры, финансисты, страховщики любого рода, слесари, шахтеры, хирурги, а также для любого контекста, который позволяет им выделиться среди других. Они также могут быть успешны в профессиях, связанных с деревом или бумагой. Профессии, связанные с водой, принесут им пользу, профессии, связанные с землей, могут вызвать конфликты, а от профессий, связанных с огнем, следует держаться подальше.

Их не интересуют чувства, их не трогают трудности других людей, и они манипулируют ими, если могут получить преимущество. Страдают от этого именно люди стихии дерева, поскольку она манипулирует ими и подавляет их лобовой агрессией. Однако люди водной стихии, поскольку они восприимчивы, получают эффективный толчок, который приносит им огромную пользу. Единственные, кто действительно может их прогнуть, — это представители стихии Огня, так как они с заразительной эмоциональностью доминируют над их бесчувственностью и суровостью.

Физически представителя стихии металла можно узнать по грустному взгляду и анемичному цвету лица. Они хрупки, склонны к стрессам, на них могут влиять перепады температуры и неправильное питание. Поэтому им следует возбуждать аппетит, делая упор на острую пищу.

Наиболее благоприятное время года для них - осень, в этот период они могут максимально раскрыть свои потенциальные возможности, но это не значит, что нужно переусердствовать или упрямиться. Ему следует носить белую одежду, а в качестве амулетов использовать металлы и белый кварц.

Металл жесткий и непреклонный, не боится опасности. Это независимый тип личности, который, движимый жадностью, действует настойчиво, концентрируется на успехе, планирует наперед и не приемлет спонтанного.

Приняв однажды выбранный путь, он уже не меняет его. Несмотря на внешнюю невосприимчивость, люди этой стихии излучают магнетизм, который воспринимается всеми, с кем они общаются. Однако, чтобы воспользоваться своими способностями, они должны научиться быть менее догматичными, так как это мешает им в отношениях.

Люди, родившиеся под знаком металла, должны воспитывать себя, чтобы уметь выражать свои эмоции. Если они этого не сделают, то почувствуют, что их энергия уменьшилась.

Элемент Земли

Люди, родившиеся в годы, оканчивающиеся на цифры 8 или 9, относятся к стихии Земли. Этой стихии соответствуют такие характеристики, как стойкость, упорство и плодовитость. Хотя в китайской астрологии Земля не имеет собственного сезона, в календаре она связана с последними двумя-тремя неделями других сезонов.

 Земля - стихия, олицетворяющая стабильность и осязаемость, но при избытке она превращает людей в осторожных, подозрительных и упрямых, ограничивая их инициативы и фантазии.

Человек стихии Земли терпелив и скромен, всегда работает с постоянством, не давая себе ни секунды на радость или расстройство. Он никогда не устает, может быть как жадным и материалистичным, так и наивным и осторожным. Самая несомненная его черта - подчеркнутое уныние. Он слишком серьезен, любит планировать и руководить, ужасно боится случайностей, и, хотя он умен и обладает исключительной памятью, ему мешает выглядеть блестяще.

Неутомимый рефлектор, амбициозный и тревожный, он подвержен, таким образом, перезарядке селезенки - органа, связанного с этой стихией и ослабленного при резкой психике человека.

Человек, принадлежащий к этой стихии, завязывает личные отношения постепенно, но прочно и надолго. Он очень предан и защитник в любви, всегда готов заключить договор и выполнять свои обязанности, и, хотя он не демонстративен в своих эмоциях, является плечом, на которое всегда можно рассчитывать, потому что он будет рядом в те моменты, когда вам это необходимо.

В работе они серьезны и уединены, но при этом организованны и надежны. Это именно те люди, которые ведут дела с моралью, строгостью и огнеупорной честностью. Рассудительность делает их непревзойденными посредниками в решении проблем, способствуя своим практичным и удобным выходам. Они подходят для профессий, требующих сноровки, но не предполагающих инициативы, а также для лидерских ситуаций.

Хотя ее нелегко переносить из-за капризности, ностальгии и неумения быть жизнерадостной, она хорошо взаимодействует с элементом металла, которому придает стабильность, и с водой, которую ей удается сдерживать и умело управлять.

Обычно он конфликтует с элементом Дерева, который хотя и защищает его, но иногда и душит, а также с Огнем, который подгоняет его в той же мере, в какой и ослабляет.

Элемент земли связан с планетой Сатурн. Вы должны быть очень осторожны с потреблением сладостей, то есть того, что вы любите, поскольку это связано с вашей стихией. Им всегда следует выбирать натуральные сладости и ограничить употребление белого сахара, так как он разрушает кальций в костной системе. Другим слабым местом является пищеварительная система, которая обычно сильно наказывает его, поэтому ему следует придерживаться легкой и легкоусвояемой диеты. Рекомендуется стремиться к прямому контакту с Матерью-Землей, ходить босиком по песку или в поле.

Его счастливый цвет - желтый, а кварц - топаз и цитрин.

Земля олицетворяет богатство, разумность, материализм и безопасность. Эти люди склонны к интроспекции, что обусловливает их высокую способность к рассуждениям. Земля - вместилище жизни, и это накладывает неизгладимую печать на тех, кто родился под влиянием этой стихии, поскольку это стабильные люди, которым можно делегировать полномочия.

Земля питается огнем, вырабатывая огромную энергию, которая нагревает и плавит металл, подчиняет себе воду и поглощает дерево.

Чтобы чувствовать себя хорошо, человеку стихии Земли необходима материальная обеспеченность, хотя следует отметить, что они трудолюбивы, формальны и организованны. Их можно упрекнуть в претенциозности, но в силу своих достоинств они продвигаются к цели медленно, получая стабильные результаты.

Элемент огня

Люди, родившиеся в годы, оканчивающиеся на 6 или 7, соответствуют стихии огня. К этой стихии относятся страсть, смелость и лидерство. Стихия огня — это стихия летнего сезона, когда все плодоносит и достигает своего завершения. Она связана с планетой Марс, благотворной, но иногда импульсивной. Она чрезмерно стерильна и символизирует человека, который преуспевает, но при этом плохо обращается с другими. Бойкий, тщеславный, раздражительный, человек этой стихии переходит от гнева к безудержной радости.

С детства он обладает лидерскими качествами, в его жизни присутствует честолюбие, он любит опасности, смех, энтузиазм и конфликты. Трудности не отпугивают его, а побуждают к действию, и в этих случаях с ним происходят бурные метаморфозы.

Эти люди рождены, чтобы побеждать, но не умеют этого признать, потому что не умеют наблюдать за собой и использовать свою энергию. Они великолепны в военной сфере, в спорте, в качестве начальников, так как остальные гибнут перед их харизмой. Они умеют использовать энергию стихии дерева, ставя ее гений себе на службу, и вызывают у людей стихии земли жизненную смелость двигаться вперед.
Люди водной стихии склонны гасить свою страсть, а люди металлической стихии подвергают ее испытанию жесткостью, истощающей их энергетическое поле.

Наиболее легко повреждаемым органом у этих людей является сердце, возможна тахикардия. Кроме того, они могут страдать от проблем с ушами и кишечником. Им следует носить одежду ярких цветов, среди которых преобладает красный, а также использовать в качестве амулетов такие кварцы, как гранат и гематит. Также следует использовать благовония и свечи.

Эти харизматичные, страстные и беспринципные люди хорошо общаются и нацелены на действие. Их эгоизм и стремление к успеху не поддаются исчислению, и они полагаются только на собственное мнение. Они склонны пренебрегать деталями, так как иногда проявляют упрямство и берутся за достижение целей, требующих напряженной работы.

Люди, рожденные под влиянием стихии огня, позитивны, всегда отдают все силы и с любовью и желанием берутся за любое дело. Их энергия служит для поддержания окружающих, которым ее не хватает.

Огонь обогревает жилище, он позволяет нам готовить пищу. Эта стихия питает землю через пепел, она питается сухим деревом, то есть древесиной, ее тепло доминирует над металлом, то есть делает его гибким, а доминировать над ним может только вода.

Лидер всегда обладает избытком стихии огня и склонен к быстрому принятию решений. Его привлекают нестандартные идеи, он не боится опасности и всегда находится в движении. Ему важно научиться эмоциональному интеллекту, так как высокомерие может усилить эгоизм и сделать его неуправляемым, особенно когда он сталкивается с препятствиями. Этот само разрушительный стиль проявляется в основном в юности.

Успех сопутствует людям огненной стихии, но им следует быть очень осторожными с нестабильностью и неугомонностью, которые являются наиболее типичными недостатками рожденных под огнем. Лучше овладеть этими недостатками, чтобы не оказаться в их рабстве. Им следует искать тихое место, где они могут быть спокойны, а медитация также поможет им обрести равновесие.

Люди стихии огня упорны и прибыльны.

Элемент Дерево

Люди, родившиеся в годы, оканчивающиеся на цифры 4 или 5, относятся к стихии дерева. Дерево — это элемент, символизирующий гармонию, красоту и творчество. Они обладают очень высокой степенью уверенности в себе и железной волей, что делает их подходящими людьми для борьбы за правое дело.

Дерево связано с планетой Юпитер, это самая благотворная из стихий, символ постоянства и знания. Приспосабливаемое, оно удобно гнется и имеет множество применений, характеризуя общительных, уступчивых и честных людей.

Люди стихии дерева творческие и жизнелюбивые, но иногда они разбросаны и не могут найти свой путь и реализовать свои цели. Они доверяют окружающим до невинности, любят общаться со всеми подряд, постоянно открывая для себя что-то новое и удовлетворяя себя. Их привлекает природа и дети, они отдают предпочтение семье.
Иногда они склонны к неоправданным ожиданиям, имеют привычку принижать свое тело, чрезмерно налегать на еду, увлекаться страстью и чувственностью.
Они привыкли выбирать себе в партнеры представителей водной стихии, от которых черпают смелость и поддержку, и представителей огненной стихии, которых они выгодно снабжают своими блестящими идеями.
Он не очень хорошо уживается с металлическим элементом, который безжалостно его разрушает.

Элемент Дерево узнаваем по зеленоватому цвету. Этим людям следует беречь глаза.

Дерево используется для строительства убежищ, поэтому оно защищает нас. Дерево совпадает с творческими способностями воды, и благодаря этому качеству они понимают и помогают другим.

 Рожденные под стихией дерева испытывают внутренние противоречия, заставляющие их подчиняться правилам и традициям, где постоянно действует суровый приговор. Эта стихия питает воду и в то же время является топливом для огня. Ее энергию всасывает земля и подчиняет себе металл.

Люди стихии дерева всегда добиваются больших успехов, обладают желанной структурой. Их призвания многогранны. Они придают большое значение честности, стремятся найти постоянное место в жизни. Вера в успех и аналитические способности дают им возможность без колебаний решать самые сложные задачи. Обладая невероятной силой убеждения, они работают во многих областях, поскольку всегда стремятся к развитию и преобразованиям.

Природная воля помогает им двигаться вперед, они всегда находят поддержку и необходимый капитал, поскольку другие люди рассчитывают на их способность превращать идеи в богатство.

Его главное препятствие - доводить дело до крайности. Гнев и сдерживаемый гнев абсолютно негативно влияют на энергии этого элемента. Нахождение вблизи деревьев и прикосновение к ним уравновешивает стихию дерева.

На работе люди, принадлежащие к стихии дерева, отличаются организованностью, умом и находчивостью. В коммерческой деятельности они более плодотворны, когда работа носит командный характер и хорошо структурирована.

Ни одна сфера деятельности, связанная с их стихией, не является неблагоприятной, но та, что связана с огнем, может в той или иной степени повлиять на них, а та, что связана с металлом, погубит их.

Элемент воды

Самый нечувствительный и генетический элемент, аффинный к зиме, долголетию и планете Меркурий, является управителем общения и глубоких привязанностей.

Человек водной стихии чувствителен, но герметичен. Он милосерден, сентиментален и раним, ненавидит критику и поэтому предпочитает действовать скрытно, чтобы защитить себя. Он сердечен, красноречив и в то же время благоразумен, умеет преодолевать неудачи без показухи, с помощью хитрости, проницательности и настойчивости. Таким образом, он достигает своих целей косвенно и молча, производя впечатление внимательного и понимающего человека.

Недостаток энергии - проблема для водного элемента, если он не научится уравновешивать свою беспомощность силой, которая приходит от размышлений и общения с самыми глубокими частями своего существа. Паника всегда является путеводной нитью его драматической жизни, часто прожитой в темноте из-за страха проявить себя и вступить в борьбу.

На профессиональном уровне их сдерживает конкуренция, однако они хорошо работают в чистых и защищенных местах, таких как школы, книжные магазины, редакции или любые места, где общение, устное или письменное, является основным механизмом, и в компании мирных коллег, соответствующих их личности, таких как, например, человек стихии дерева, с которым совпадает стремление к мудрости, или металла, от которого они получают решение. И наоборот, он не приспосабливается ни к представителям стихии огня, которых он гасит и отталкивает, ни к людям, принадлежащим к стихии земли, с которыми он чувствует себя ограниченным, обусловленным и затрудненным.

Черный цвет благоприятствует им, но использовать его следует умеренно, поскольку он, как правило, отпугивает их. То же самое происходит с темными кварцами, привлекающими удачу, такими как струя, оникс и турмалин. Чтобы наилучшим образом использовать свои качества, не впадая в крайности и не распыляясь, человеку водной стихии следует начинать свои планы зимой.

В позитивные периоды любовных отношений представители этой стихии проявляют нежность, уравновешенность и осторожность - потенциалы, позволяющие им вести себя с необходимой проницательностью, чтобы устранять причины конфликтов, когда они возникают.

Они обладают невероятной способностью к рассуждению, хотя их замкнутый, глубокий и пасмурный характер приводит к тому, что они склонны к меланхолии. Им также свойственны неуверенность в себе и дерзость. Творчество - одна из основных характеристик, характеризующих эту стихию, а также адаптация, мягкость, милосердие и сочувствие. Без воды на земле не было бы живых существ, эта стихия чиста и кристальна, какими качествами обладают те, кто принадлежит к этой стихии.

Люди, принадлежащие к этой стихии, приветливы и прекрасно владеют собой. Они обладают оригинальной интуицией, которая позволяет им быстро завоевывать. Выносливость и ясность дают им возможность предсказывать события.

Они могут воспринимать способности других людей, эффективно их использовать, но при этом они сдержанны и не позволяют окружающим заметить, что они их используют.

Злоупотребления натрием или алкалоидами, а также жизненные прототипы, отклоняющиеся от общепринятых структур, очень вредны для людей, рожденных под стихией воды. Соблюдение режима сна, спокойное психическое и эмоциональное состояние, контакт с водой восстанавливают их гармонию и оптимизируют энергетику.

Люди, принадлежащие к знаку водной стихии, могут иметь профессии, связанные с деревом и огнем, и быть успешными, иметь работу, связанную с их собственной стихией, и отказываться от карьеры, функций и работы, связанных с землей, поскольку земля подчиняет себе воду.

Совместимость и несовместимость

Они совместимы:

Крыса - Дракон - Обезьяна.

Они общаются друг с другом через свои личности, которые очень активны и дружелюбны. Все трое трудолюбивы, нетерпеливы, страстны и неугомонны, всегда имеют высокие устремления. Они полны идей, обладают выдержкой и смелостью, необходимыми для их реализации, всегда приходят к новаторским, неожиданным, удивительным и сильным решениям.

Тигр - Лошадь - Собака.

Их объединяет удовлетворение, которое они испытывают при взаимодействии. Их объединяет скромность, достоинство, честность и упрямый альтруизм. Проницательные, проницательные и коммуникабельные, но немного жестокие и строгие, они энергично борются с неравенством, насилием и беззаконием. Эти три знака никогда не продают свою совесть.

Бык - Змея - Петух.

Эти три знака объединяет формальность, разумность и серьезность, которой они добиваются в своей жизни. Энергичные, предприимчивые и неутомимые, негибкие в своих решениях, они любят все переосмыслить и спокойно спланировать, прежде чем брать на себя обязательства, о которых потом придется пожалеть. Их недостаток - холодность, поскольку разум для них должен преобладать над эмоциями.

Кролик - Коза - Свинья.

Три эмоциональных знака, которых объединяет творческий потенциал. Инстинктивные, восприимчивые, чувствительные и замкнутые, они легко приспосабливаются к среде обитания и, будучи хорошими добытчиками, не прочь зависеть от других. Их ежедневные аффирмации всегда содержат в себе слова: совершенство, союз и соответствие.

Примечание: Противоположные знаки - противоположные враги:

Крыса - Лошадь

Бык - Коза

Тигр - Обезьяна

Кролик - Петух

Дракон - собака

Змея - Свинья.

Петух

Характеристики

Петух тщеславен, но с золотым сердцем. Он с достоинством показывает себя и ведет себя на уровне человека, который заслуживает уважения и внимания. Он настойчив в работе, соблюдает правила и не любит сплетен. Если нужно сделать дополнительную работу, он делает ее без протеста, так как не любит оставлять дела наполовину не сделанными. Способность к абстрагированию и спокойствие делают их очень компетентными для интеллектуальной работы.

Они тратят деньги на предметы роскоши, потому что любят жить комфортно. Можно сказать, что они не очень бережливы, но и не аскетичны. Можно сказать, что они капризны.

Петух - хороший любовник во всех смыслах этого слова. Он сентиментален и ожидает того же в ответ. Ему нравится выглядеть соблазнительно, и он тщательно следит за своей внешностью, чтобы в нужный момент встретить своего партнера. В его поведении нет места неверности, так как он стремится найти свою вторую половинку, с которой можно разделить жизнь.

Петухи любят общаться, потому что таким образом они могут показать, что они информированы и умны. Эта способность включает в себя и умение писать. Он очень весел, проницателен и занимателен, любит рассказывать о своих приключениях.

Петух, проявляющий свою негативную сторону, самолюбив, насмешлив и воинственен. Он считает себя всегда правым и не уверен в себе. Иногда ему нравится, когда ему льстят, и он страдает манией величия.

 Эль Галло - отличный экономист чужих финансов, и, если у вас случайно возникли экономические проблемы из-за неумения обращаться с деньгами, отдайте свои финансы Эль Галло. Вы увидите, что в мгновение ока он даст вам прямой расчет.

Если вы хотите играть Петухом, вы должны признать и рассудить, что он любит споры, а это для него - простая умственная гимнастика. Даже если это неудобно, вы должны понять, что в его поведении нет ничего особенного, и упорно выходить за линию боя, как только поймете, что у него вечно есть арсенал для самозащиты.

Петух, когда у него много денег, будет щедр только по отношению к своей семье, а может быть, в какой-то момент он захочет заслужить преданность своих поклонников. Поэтому имейте в виду, что единственное, что вы можете получить от Петуха бесплатно, — это его совет.

Тем не менее, при всех своих недостатках, Петух в целом честен в своем стремлении поддержать других и имеет добрые намерения во всем, что инициирует.

Благодаря своим разносторонним способностям и трудовому энтузиазму, Петух начнет очень рано и добьется успеха в жизни в раннем возрасте. Чего ему действительно не хватает, так это меры во всем, что он начинает. Его не убеждает признание своих ошибок, что заставляет его обижаться на любого человека и даже очернять своих врагов. Преуменьшать его влияние неудобно, так как с его профессиональным чутьем он может добиться огромных побед, если задастся такой целью.

Петух составляет прекрасную пару со Змеей и Овном. Дракон найдет удовольствие в будущих целях Петуха. Тигр, Коза, Обезьяна и Свинья будут хорошими партнерами для Петуха.

Два Петуха вместе получат законную петушиную вражду. У Петуха всегда будут конфликты с Крысой и Кроликом.

Отношения Собаки и Петуха будут чередоваться между нормальными и испорченными. Они могут работать вместе, но не предназначены для семейной жизни.

Петухи

Металлический петух

Металлический Петух обладает проницательным и критическим умом. Они обладают завидным мужеством, которое позволяет им решительно и смело встречать любые кризисы. Этот Петух очень четко представляет себе, что для него важно. Он никогда не отступает от своих целей и задач.

Металлический Петух любит, когда ему льстят, потому что стремится к тому, чтобы его качества были замечены другими. Он прекрасно умеет вести переговоры, а его практичность покоряет не одного человека.

Под влиянием Металла этот Петух увлечен идеей стать важным и знаменитым, неустанно борется за это, и его гордость не позволяет ему отступить от этой цели. Для достижения этой цели, если необходимо, он способен отказаться от того, что ему нравится или доставляет удовольствие, бросаясь в бой с закрытыми глазами и не позволяя ничему и никому встать на пути своего восхождения.

Металлический Петух обладает прекрасными социальными навыками, ему неинтересно сопротивляться провокациям и препятствиям, возникающим на его пути.

Водяной петух

У Водяных Петухов всегда есть карта в рукаве, они умеют найти и разрешить любой конфликт или проблему, возникающую на их пути. Они скромны и сострадательны ко всем, кто встречается на их пути, проявляют любовь, когда у них есть такая возможность, и очень трудолюбивы.

 Водяной Петух вежлив, элегантен, настойчив и всегда будет бороться до конца за достижение своих целей. Эти качества вызывают у него восхищение, а еще он добавляет к ним уникальное и правдивое чувство юмора.

Этот Петух мыслит ясно и практично. Он не любит критиковать и осуждать других. Он может быть великим писателем или проповедником, способным повести за собой массы людей и подтолкнуть их к действию. Его ахиллесова пята в том, что иногда он становится роботом и перестает видеть деревья, чтобы посмотреть на лес.

Водяной Петух знает, что жизнь можно прожить с радостью, и за это он испытывает благодарность. Он демонстрирует это с блеском в глазах и уникальной, исключительной уверенностью в себе.

Когда это неизбежно, они испытывают пессимизм, но он имеет пределы, так как они считают, что все может скоро наладиться.

Деревянный петух

Деревянные Петухи очень общительны, с чувством юмора и превыше всего любят свою семью. Они очень доверчивы, и это иногда работает против них, так как плохие люди пользуются этим.

Этот Петух очень удачлив в деньгах, он может лечь спать, не имея ни копейки, а на следующий день появляется бизнес, на котором он зарабатывает тысячи долларов. Вообще, успех - их союзник, даже в трудные времена. У них добрый, но беспокойный характер, это активные люди, которые не любят чувствовать себя ограниченными. Их интересуют новые идеи или места, где они могут получить много знаний.

Деревянный Петух очень общителен, открыт, а поскольку он не так упрям, то жизнь его очень легка.

Одной из наиболее характерных черт этих Петухов является их готовность сохранять юмор в каждой минуте, часе и дне своей жизни. Они умеют шутить над своими недостатками, а когда им плохо, обычно находят в жизни развлечение и веселятся от того, чем владеют в данный момент. Их называют наивными, но на самом деле у них часто есть свое собственное описание того, что такое благополучие.

Огненный петух

Огненный Петух придает верности такое значение, которое не сравнится ни с чем другим. У них есть честь, и то, что они обещают, они выполняют. Их ценности не подлежат обсуждению, и по этой причине они являются лидерами, где бы они ни находились.

Детектив высочайшего класса, он способен в мгновение ока собрать информацию и сделать точные выводы. Он может быть упрямым и любит все и всех подставлять под лупу для анализа.

Поскольку они от природы умеют вести переговоры, они прекрасно подходят для того, чтобы поручить им заботу о ваших интересах, так как они очень изобретательны в согласовании финансовых вопросов. Их мнение увлекает, интересует и вдохновляет. Они склонны быть очень искренними и прямолинейными, когда им нужно сказать вам правду.

Они склонны рассматривать моменты метаморфоз как очень значимые ресурсы для того, чтобы иметь большую ясность по отношению к своим глубинным страхам в течение жизни.

Наземный петух

Земляные Петухи очень полны энтузиазма и щедры. Путешествия - их любимое занятие, а свой престиж они защищают до конца. Они анализируют все, как ученые, создают свою базу данных и затем действуют без ошибок. При этом они не отвлекаются и исключают из своего пути все, что хоть как-то отвлекает их от поставленных целей.

Его пример достоин подражания, и, хотя он ведет простую жизнь, его работы замечательны.

Когда они находятся с кем-то, то имеют привычку читать между строк отношений, хотят все знать и испытывают непреодолимую потребность контролировать свое окружение или создавать для этого приемы. Они нетерпеливы и склонны планировать свои первые шаги осторожно и с любопытством, веря в свои возможности читать других людей и окружающие их обстоятельства.

Хотя они могут быть немного настойчивыми, они решительны и будут бороться до конца, чтобы получить то, что они хотят, даже если это означает неустанные стычки.

Петух

В вашей жизни произойдут большие перемены, это будет год, когда вы будете чувствовать себя под большим давлением и необходимостью принимать важные решения, которые придадут вашему будущему ясность и безопасность. У Вас будут моменты неуверенности, но Вы решитесь, чтобы почувствовать стабилизацию. В Вашей жизни может произойти все, что угодно: от переезда, расставания с партнером до смены работы.

Любовные отношения будут складываться удачно, если у вас есть партнер, так как ваш партнер поможет вам стабилизироваться и успокоит вас. Это будет судорожный год, но стабильный в любви. Совет - будьте ласковы и общительны, но в случае разногласий сразу же нейтрализуйте их. Если Вы одиноки, то Вам будет трудно найти партнера. Вы можете влюбиться не в того человека, и это станет дополнительной проблемой в вашей жизни.

Ваша социальная жизнь будет активной, но вы будете стараться совершать меньше эксцессов, лучше выбирать друзей, а обмен мнениями и встречи заменят большие вечеринки. Приятный ужин принесет больше пользы, чем дискотека.

У вас будет много работы, и это будет вызывать у вас беспокойство. Если Вам необходимо переосмыслить свою трудовую деятельность, сделайте это как можно скорее. Возможно, Вы смените профессию, так как будете готовы изменить свою трудовую жизнь, если это будет означать восстановление душевного спокойствия.

Неплохо было бы пройти курс обучения, чтобы повысить свои шансы в профессии.

В 202а году Вы будете стремиться заработать деньги любой ценой, и, возможно, для этого Вам придется сменить работу, иметь две работы или собственный бизнес. Вы будете готовы на все, чтобы сохранить свой экономический уровень. Вам придется приложить усилия, но вы не будете медлить с действиями.

Вы станете более требовательны к себе, но не будете возражать, а сделаете это для того, чтобы иметь больше денег и жить так, как вам хочется, имея покупательную способность и возможность путешествовать. Эти изменения сделают Вас более бережливым и аналогичным человеком. Вы сократите свои расходы, и у Вас появятся деньги на отпуск.

Ваше здоровье будет изменчивым, и даже если у вас нет никаких заболеваний, необходимо заботиться о себе, чтобы не впадать в депрессивные состояния.

Необходимо заниматься спортом и практиковать техники релаксации. Важно контролировать свои нервы и сохранять спокойствие и гармонию. Ваши близкие поддержат вас и постараются успокоить. Они увидят, что Вы очень нервничаете, и постараются помочь Вам найти решение. Они действительно умеют жить скромно, но Вы этого не допустите. Вы всегда будете стараться дать своей семье все лучшее.

Сочетание знаков Зодиака с китайским гороскопом

Если объединить восточные и западные гороскопы, то поразительно, насколько они связаны и точны.

Китайский и западный гороскопы - наиболее часто используемые гороскопы. Если у вас есть возможность глубоко разобраться в них, то это облегчит вам их использование и централизованный подход.

Оба гороскопа основаны на положении звезд, но в китайском гороскопе используется 28 созвездий, а в западном - 88. Китайский гороскоп основан на 12 животных, которые управляют каждым годом, а западный - на 12 знаках, которые управляют каждым месяцем.

Китайский гороскоп основан на лунном календаре и является самым древним из известных на сегодняшний день гороскопов. Возможно, ваш знак зодиака совпадает с вашим знаком в китайском гороскопе, но это случается нечасто. Если бы это было так, то предсказания были бы более точными.

Между знаками обоих гороскопов существует эквивалентность:

Овен/Дракон

Телец/Серпент

Близнецы/Лошадь

Рак/Коза

Лев / Обезьяна

Дева/Петух

Весы / Собака

Скорпион / Свинья

Стрелец / Крыса,

Козерог/Овен

Водолей / Тигр

Рыбы / Кролик

Комбинации

Петух

Овен / Петух

Это люди решительные и упрямые. Убедить их изменить свое мнение может стать практически невыполнимой задачей.

Они самостоятельны и умело руководят своей жизнью. Иногда они очень упрямы в достижении согласия, когда имеют разные точки зрения. Когда они влюбляются, они верны и ревнивы, хотят, чтобы им уделяли все внимание. Их эмоциональные проявления ускорены и интенсивны. Когда другие люди испытывают трудности, они первыми предлагают свою помощь.

Телец /Галло

Это сочетание наделяет людей сдержанностью. Их темперамент очень сильный и разносторонний.

Их отличает способность реагировать на любые обстоятельства, когда обстановка хаотична. Они практичны, решительны и обладают большой силой воли. Они стабильны и всегда верны надежному лидеру. Они любят спокойствие и уважают правила. Они избегают долгов и неохотно идут на перемены. Любят роскошь и хорошую еду.

Близнецы/Петух

Эти люди свободны и любят открыто выражать свои чувства. Они не боятся быть разными, в семье ведут себя умеренно.

Они чувственны и верны, хорошие родители и склонны к собственничеству. Они предприимчивы и преуспевают в профессиях, связанных с финансами. Иногда они используют свои качества для достижения собственных целей и могут прибегнуть ко лжи, не теряя при этом изящества, чтобы добиться желаемого. Они легко расстраиваются, если их не хвалят.

Рак /Петух

Человек с этими признаками любит, когда его хвалят. Его интуиция развита настолько, что позволяет ему понимать эмоциональные состояния других людей. Это уверенный в себе человек, коммуникабельный, с ним интересно разговаривать. Они осторожны, когда это необходимо, умеют отождествлять себя с другими благодаря большому воображению. Они тщеславны и стараются строить свою жизнь в соответствии с фантастическим идеалом. Они склонны к беспорядку и любят, чтобы им льстили. Обладают прекрасной памятью, успешны как администраторы.

Лев/Петух

Эти два знака вместе создают очаровательную личность, но с нестандартным характером. Они никогда не колеблются, когда нужно принять решение, а если колеблются, то никто этого не замечает.

Они независимы и расчетливы, что всегда помогает им добиваться поставленных целей. Они умеют без страха преодолевать любые препятствия. Уверенность в себе иногда приводит их к упрямству, проявлению плохого настроения, властности и высокомерия. Гордость может управлять ими в определенные моменты и даже проявлять наивное отношение, не позволяющее им рассуждать.

Дева/Петух

Эта смесь дает умных, надежных и честных людей. Они ведут себя вежливо и могут вести разговор на любую тему. У них очень сильная интуиция, и их мнение никогда не бывает предвзятым.

 Он общительны, понимают и разбираются в чувствах других людей, они красноречивы. Иногда они бывают слишком разговорчивы, но умеют вовремя остановиться. Они проницательны и поэтому умеют выражать свое мнение. Они склонны к критике, что очень обижает других.

Весы /Петух

Этой комбинацией знаков обладают люди, которые никогда не расстраиваются по пустякам. Это добрые и спокойные люди. Сочетание Петуха и Весов создает сбалансированную личность. Это сочетание идеально, так как эти люди обладают большой силой обольщения и обаятельны.

Они никогда не останавливаются, пока не добьются идеального результата. Они создают положительный имидж, общаются с разными людьми и адаптируются к любым обстоятельствам.

Скорпион/Петух

Человек с этими признаками - лидер высшего класса. Они умеют видеть слабости других, но не критикуют их, поскольку знают, что никто не совершенен. Характер этого человека иногда бывает сложным и трудно постижимым, поскольку он также иногда очень горд и жаден. Сексуальные отношения могут быть их слабостью, в течение жизни у них было много партнеров. Они честны со своими партнерами до тех пор, пока длится любовь.

Стрелец/Петух

Эти два знака, слившись воедино, дают человека, который является жизнью вечеринки и лучшей компанией. Они любят быть в центре внимания, но при этом спокойны и красноречивы. Они честны и, хотя миролюбивы, часто вмешиваются в конфликты, но никогда не действуют злонамеренно.

Это человек, передающий оптимизм, умеющий извиниться, когда он не прав, и любящий свою семью превыше всего.

Козерог / Петух

Когда эти два знака встречаются, человек становится разговорчивым, но не по пустякам. Они умеренны в своих действиях, так как не хотят никому причинять вреда. Упрямство не позволяет им порой признать свои ошибки, и они не желают идти на компромисс. Их терпение безгранично, а воля несокрушима, что позволяет им быть решительными. Под этим щитом невозмутимости скрывается их чувствительность. Они умеют легко убеждать, а благодаря их харизме очень трудно не обратить на них внимания.

Водолей/Петух

Такое сочетание характерно для эксцентричных и свободолюбивых людей. Их личность неотразима, а аура интригует. Они не боятся быть мечтателями, поскольку убеждены, что их идеи - лучшие, постоянно участвуют в инновационных проектах и амбициозны.

Они хорошие друзья, внимательные, и помощь другим для них является приоритетом. Хотя они редко ввязываются в чужие проблемы, но если есть несправедливость, они выйдут на защиту слабейшего, даже если придется рисковать жизнью.

Рыбы /Галло

Этот синтез дает людей, которые во всем видят красоту, это личности, честные до предела, идущие наперекор себе. В их словах звучит музыка, потому что они образованны, они смелы, когда говорят правду, хотя и выражают ее с большим тактом.

Они бойцы и умеют разрабатывать стратегический план для достижения своих целей. Они очень восприимчивы к чужой боли и понимают эмоции других людей.

Декорирование дома в соответствии с Фэн-Шуй

Фэн-шу — это китайская философия, изучающая окружающую среду, основанная на теории июнь и я и пяти стихий. Специалисты доказали, что в древнем Китае регулярно выбирали территории, окруженные горами и имеющие реку. Это происходило не только потому, что такие территории обеспечивали главные критерии выживания, но и потому, что они соответствовали закономерностям, установленным Фэн-шуй. Основная идея Фэн-Шуй - достижение баланса между человеком и Вселенной. Если есть хорошие энергии, то есть и баланс, поскольку Фэн-Шуй влияет на судьбу каждого человека. Изучая Фэн-Шуй, человек может работать над своей совместимостью с природой, окружающей средой и своей жизнью, чтобы достичь большего процветания и здоровья в жизни.

Теория пяти элементов

Теория пяти элементов является одним из компонентов Фэн-Шуй. Эти элементы играют важную роль в определении правильного Фэн-Шуй в конкретном помещении. К этим элементам относятся: Огонь, Земля, Металл, Вода и Дерево, и каждый из них имеет свою специфику, символизирующую определенные аспекты жизни.

Пять элементов — это выражение, используемое в фэн-шуй для объяснения структуры природы. Эти элементы действуют совместно и должны быть всегда сбалансированы.

Фэн-шуй для двенадцати знаков китайского гороскопа

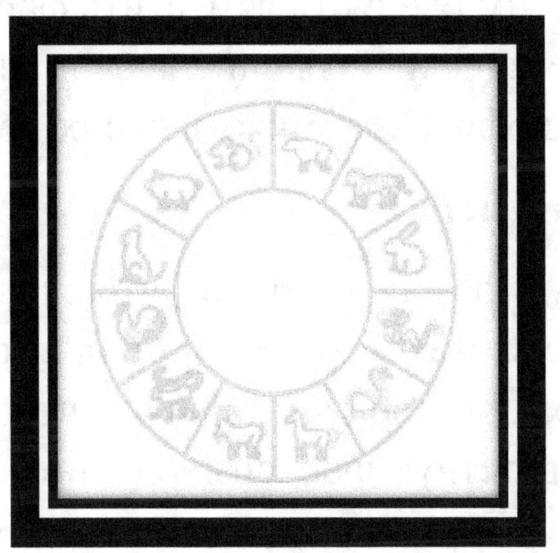

Знак Крысы

Вода благоприятствует людям, родившимся под знаком Крысы, она помогает им обрести процветание. Чтобы добиться изобилия, им следует поставить аквариум с золотыми рыбками в северной части офиса.

Знак Быка

Люди этого знака достигнут процветания, если будут использовать стихию Огня. Для этого им следует разместить фарфоровые или керамические изделия на своих предприятиях или в офисах, а также в своих домах.

Знак Тигра

Стихия земли — это то, что следует использовать людям, принадлежащим к знаку Тигра. Им следует добавить что-то соответствующее, символизирующее стихию земли. Горшечное растение или естественно растущий цветок могут принести в их жизнь процветание.

Знак Кролика

Для удачи и привлечения изобилия людям знака Кролика необходимо, чтобы в их жизни присутствовал тайный элемент земли. Для этого следует спрятать нефрит или

цитрусовый кварц в северо-восточной части
дома или офиса.

Знак дракона

Северо-Запад отлично подходит для тех, кто
родился под знаком Дракона. В этом
направлении им следует поставить чашу с
чистой водой, смешанной с небольшим
количеством земли. Другой вариант -
поместить в чашу цветок лотоса.

Знак Змеи

Процветание придет в жизнь людей,
принадлежащих к знаку Змеи, если они будут
использовать в своем доме или офисе
металлические предметы, в частности золото
и серебро.

Знак Лошади

Северо-запад - рекомендуемое положение для людей знака Лошади, чтобы получить большой капитал. Им следует поместить металлическую лягушку на северо-западе своего дома или предприятия.

Знак Козы

Север - соответствующая кардинальная точка для людей, родившихся под знаком Козы. Им следует поместить небольшую деревянную шкатулку или другой деревянный предмет на севере своего офиса или дома.

Если используется деревянная коробка, то в нее нужно положить предмет, связанный с их профессией. Например, писатель может положить в коробку карандаш.

Знак обезьяны

Чтобы в жизнь людей, родившихся под знаком Обезьяны, пришло благополучие, им следует поставить растение своего размера или больше в этой кардинальной точке на западной стороне дома или предприятия.

Знак петуха

Удача придет в жизнь тех, кто принадлежит к знаку Петуха, если они положат несколько семян в стакан, бутылку или чашу темно-красного цвета. При этом не следует использовать металл.

Знак "Собака

Людям, принадлежащим к знаку Собаки, следует отказаться от элементов Воды и Земли в своей жизни. Они могут поставить в своем офисе или доме поленья или ветки растений, но нельзя ставить их в Воду или Землю.

Знак Свиньи

Людям, родившимся под знаком Свиньи, для привлечения удачи необходим элемент Огня в их жизни. Они могут поставить в своем доме керамический поднос или другие предметы из глины.

В этот год Дракона следует носить браслеты или браслеты из жемчуга.

Амулет с фигуркой Дракона или куранты с кристаллами "Фэн-шуй удачи" следует поместить на юго-востоке дома или в семейной зоне спальни, кабинета.

Не забудьте украсить свой дом зелеными растениями, натуральными цветами различных расцветок, фотографиями, картинами или изображениями, характеризующими пейзажи и сады.

Также следует использовать деревянные украшения и не размещать фотографии умерших членов семьи рядом с текущими семейными фотографиями, так как вибрации этих фотографий несут боль и отнимают у вас энергию.

На самом деле китайский Новый год имеет множество традиций, связанных с прощанием со старым и подготовкой к новому. Одна из традиций, которую мы рекомендуем соблюдать, - не готовить на домашней кухне в первый день китайского Нового года по лунному календарю, так как доставать острые инструменты, например ножи, привлекает дурную примету. Это может лишить удачи на весь оставшийся год.

Первые 15 дней празднуется китайский Новый год, и, хотя иногда на это действительно не хватает времени, желательно провести подготовку заранее.

Если вы успеете подготовиться заранее, это поможет вам привлечь благополучие. В этом году за два дня до наступления китайского Нового года, т. е. в четверг, 8 февраля 2024 года, начните делать глубокую уборку в своем доме. Не забывайте, что уборка в первый день Нового года считается плохой приметой, так как вы выметете всю свою удачу через парадную дверь.

В ночь перед китайским Новым годом, в пятницу, 9 февраля 2024 года, спланируйте и запишите все свои цели на год, если вы не сделали этого 1 января.

Запишите абсолютно все свои желания после Новолуния в пятницу 02.09.2024 в 5:58 вечера по восточному времени. Какие цели Вы хотите достичь в своей профессиональной деятельности, в сфере финансов, в любовной и семейной жизни? Составьте список для каждой сферы вашей жизни, которую вы хотите улучшить.

Если у вас есть возможность приобрести деревянный сундучок, то это будет идеальным вариантом, так как в него можно положить список желаний вместе с пиритовым кварцем и цитрином, известными как камни, привлекающие процветание и изобилие. В сундучок следует положить три китайские монеты, поскольку они являются традиционными символами изобилия.

Все, что вы положите в этот сундучок, будет защищать ваши желания и усиливать энергию процветания. Хранить сундучок следует в специальном безопасном месте, лучше всего на возвышенности, так как в этом случае вы сможете притягивать положительные энергии, находясь на видном месте.

Не забудьте надеть новую одежду, потому что она символизирует новые энергии, которые вы хотите привлечь в свою жизнь. Вам следует надеть какие-нибудь детали красного цвета.

В частности, в Новый год постарайтесь не расстраиваться, по возможности возьмите выходной, чтобы не волноваться из-за пробок и забот. Не забудьте зайти на рынок и купить пакет апельсинов, так как это символизирует приход благополучия в ваш дом в новом году.

Советы на 2024 год

Этот год благоприятен для личностного роста, поэтому следует использовать открывающиеся возможности и не только развивать свои навыки, но и осваивать новые.

Все, что вы делаете в 2024 году, — это инвестиции в ваше будущее. Это будет очень напряженный год, но его энергия обнадеживает, поскольку год Дракона предоставит вам возможности, необходимые для достижения успеха. Однако для того, чтобы получить выгоду, необходимо изучить все имеющиеся варианты и проанализировать все возможности.

Вы должны быть внимательны и готовы выслушать все советы и помощь. При наличии силы воли и инициативы перед вами откроются новые двери.

В этот год Дракона вам предстоит многому научиться, но если вы примете вызов, то сможете не только продвинуться в своей профессии и увеличить доход, но и приобрести ценный опыт.

В год Дракона вы не только получите большую финансовую выгоду, но и, благодаря своей предприимчивости, найдете хобби, которое принесет вам благополучие.

Однако необходимо соблюдать дисциплину в расходовании средств и тщательно составлять бюджет, особенно если речь идет об очень крупных сделках.

Если в течение года вам придется подписывать контракты или заключать важные соглашения, необходимо проверить условия и все последствия.

Чтобы добиться наилучших результатов, необходимо вести сбалансированный образ жизни, заниматься спортом, соблюдать режим сна и правильно питаться. Вам будет полезно завести новых друзей.

В год Дракона жизнь может вести себя загадочно и притягивать удачные события, которые откроют перед вами множество возможностей.

Шанс играет важную роль в Вашей жизни в этом году, трансформируя Ваше экономическое положение. После мая будет наблюдаться повышенная социальная активность, и Вы сможете получить массу удовольствия.

Это будет плодотворный год, в котором нужно будет принимать решения, совершать покупки и получать удовольствие.

Те, у кого есть партнер, обнаруживают, что, объединившись, они достигают большего успеха.

Это год, когда способность воспринимать возможности принесет много пользы, Год Дракона обладает большим потенциалом, поэтому будьте открыты для возможностей и готовы к переменам и адаптации.

Год Дракона вознаградит предпринимателей.

Вечером того же дня, перед началом года, необходимо сделать уборку в доме, открыть все окна для проветривания и расставить белые и желтые цветы во всех местах общего пользования. В частности, у входа в дом следует разместить благовония корицы, сандала, эвкалипта или лаванды, либо благовония Пало Санто, Белого Шалфея или Ванили.

Необходимо хорошо окурить дом. Сахумерио — это действие по созданию дыма, как правило, с помощью благовоний, для ароматизации окружающей среды и использования его в качестве инструмента для очищения и взыскания.

Их особенность заключается в том, что они источают приятный аромат, который, как утверждается, обладает расслабляющими свойствами. Многие используют шумер очки с целью изменения энергетических вибраций своего дома.

Если у вас есть благовония, которые вы собираетесь передавать по всему дому, не забывайте делать круговые движения вправо. Если вы намерены очистить личный участок, то начинать следует с собственного тела, начиная с ног и заканчивая головой, а затем возвращаться к сердцу, делая при этом легкие круговые движения.

Поскольку это год Кролика, желательно иметь в доме пару металлических или деревянных кроликов, а если есть возможность, то и стеклянных, так как они олицетворяют стихию года - воду.

Если у Вас нет такой возможности, то Вы можете символизировать его с помощью изображений, портретов или фигурок. Считайте, что это счастливый талисман, ведь в итоге кролик стремится к процветанию. Он принесет в ваш дом большое богатство.

Еще одна рекомендация для 2024 года - покрасить некоторые стены в своем доме в небесно-голубой цвет.

Этот цвет является одним из цветов процветания в новом году. Будьте осторожны с наполнением дома синим цветом, не забывайте, что главное — это баланс. Если вы переборщите с синим цветом, то привлечете к себе уныние или апатию.

Альтернатива или вариант - носить его с собой, в виде браслета, сережек-подвески, маятника, шпалы, на кольце, брелоке или талисманом в кармане или сумочке.

Если у вас есть и кролик, и вода, то это образует ассоциацию богатства, укрытия и удачи в вашей жизни, доме или офисе. Всегда помните, что всему сопутствуют постоянство и усилия. Если у вас есть возможность приобрести некоторые растения, например базилик, который обладает большой способностью генерировать изобилие, а также способностью уходить и транс мутировать плохие вибрации, вы не пожалеете об этом.

Жасмин - еще один хороший вариант: в вашем доме всегда будет царить аромат и хорошие вибрации.

Свежий жасмин должен быть в вашем доме всегда, когда у вас есть такая возможность, но самое главное - в первый день китайского года он должен быть в каждом уголке вашего дома.

Ритуалы начала китайского Нового года 2024

 Китайский Новый год следует встречать с радостью, музыкой и великолепным семейным обедом. Это время для празднования и сосредоточения внимания на удаче и процветании в наступающем году.

Вы должны надеть новую одежду, потому что это символизирует новое начало.

Для этого дня хорошо подходит резонансный цвет, например красный, который обычно символизирует гармонию, удачу и благополучие.

В ожидании Нового года избегайте носить белое или черное, так как именно эти цвета обычно надевают на похороны.

Проведение очищения для подготовки к китайскому Новому году в виде ритуала очень полезно.

Такая уборка призвана отогнать злых духов, которые могут прятаться в углах дома.

Обычно люди меняют мебель или переставляют ее, подкрашивают краску в доме, ремонтируют поврежденные участки, моют окна большим количеством воды.

Вечером того же дня, перед началом нового года, следует сделать уборку в доме, открыть все окна для проветривания и расставить белые и красные цветы во всех местах общего пользования.

Конкретно у входа следует разместить благовония из корицы, сандала, эвкалипта или лаванды, а также сжечь лавровые листья. Лавр - растение, обладающее способностью защищать, очищать и исцелять. Еще один способ привлечь в дом положительные энергии - сочетание корицы с лавровыми листьями. Сожгите лавровые листья и посыпьте их порошком корицы. Когда эта смесь будет зажжена, распустите дым по всем комнатам дома.

Необходимо хорошо окурить дом. Сахумерио — это действие по созданию дыма, как правило, с помощью благовоний, для ароматизации окружающей среды и использования его в качестве инструмента для очищения и уборки.

Их особенность заключается в том, что они издают приятный аромат, который, как утверждается, обладает расслабляющими свойствами.

Многие люди используют благовония для изменения энергетических вибраций своего дома.

Если у вас есть благовоние, которое вы собираетесь передавать по дому, не забывайте делать круговые движения вправо.

Если вы намерены очистить личный участок, то начинать следует с собственного тела, начиная с ног и заканчивая головой, а затем возвращаться к сердцу, делая при этом легкие круги.

Поскольку это год Зеленого Деревянного Дракона, желательно иметь в своем доме пару деревянных драконов. Если у вас нет такой возможности, вы можете символизировать ее с помощью изображений, портретов или фигурок.

Еще одна рекомендация для 2024 года - покрасить некоторые стены своего дома в зеленый цвет.

Этот цвет символизирует процветание в текущем году. Не перенасыщайте свой дом зеленым цветом, помните о необходимости соблюдать баланс. Если вы переборщите с зеленым цветом, то привлечете в свою жизнь стресс.

Альтернатива или вариант - носить его с собой, в виде браслета, серег-подвески, маятника, шпалы, на кольце, брелоке или талисмана в кармане или сумочке, это сформирует ассоциацию богатства, укрытия и удачи в вашей жизни, доме или офисе.

Если вы сможете приобрести некоторые растения, такие как лаванда, рута или денежное растение, которые обладают способностью генерировать изобилие, а также способностью уходить и транс мутировать плохие вибрации, то вы не пожалеете об этом.

Поскольку вода - элемент, дополняющий дерево, фонтан у входа в дом будет привлекать благополучие. Не забывайте, что вода должна течь внутрь.

 Размещение фонтана в зоне богатства вашего дома, расположенной с левой стороны, сзади, если смотреть от входной двери, принесет вам много материальных выгод.

Наряду с зеленым, красный цвет является счастливым для 2024 года, его следует использовать в своем доме, чтобы активизировать энергию удачи. Вы можете носить красный цвет на одежде или с каким-либо другим предметом, например шарфом, шапкой или браслетом, чтобы привлечь деньги.

Китайский Новый год следует встречать с радостью, музыкой и великолепным семейным обедом. Это время для празднования и сосредоточения на удаче и процветании в наступающем году. Следует **надеть** новую одежду, поскольку она символизирует новое начало.

Для этого дня хорошо подходит резонансный цвет, например красный, который обычно символизирует гармонию, удачу и благополучие.

В ожидании Нового года избегайте носить белое или черное, так как именно эти цвета обычно надевают на похороны.

Проведение уборки для подготовки к китайскому Новому году в виде ритуала очень полезно. Такая уборка призвана отогнать злых духов, которые могут прятаться в углах дома.

Обычно люди меняют мебель или переставляют ее, подкрашивают краску в доме, ремонтируют поврежденные участки, моют окна большим количеством воды.

Об авторе

Помимо астрологических знаний, Алина Рубина обладает богатым профессиональным образованием, имеет сертификаты по психологии, гипнозу, Рейки, биоэнергетическому целительству кристаллами, ангельскому целительству, толкованию снов, является духовным инструктором. Она владеет знаниями в области геммологи, с помощью которых программирует камни или минералы и превращает их в мощные амулеты или талисманы защиты.

Руби обладает практическим характером, ориентированным на результат, что позволило ей иметь особое, интегративное видение нескольких миров, способствующее решению конкретных проблем. Алина пишет ежемесячные гороскопы для сайта Американской ассоциации астрологов, их можно прочитать на сайте www.astrologers.com. В настоящее время она ведет еженедельную колонку в газете El Nuevo Herald на духовные темы, которая выходит каждую пятницу в цифровом виде и по понедельникам в печатном. Также ведет программу и еженедельный Гороскоп на YouTube-канале этой газеты. Ее астрологический ежегодник ежегодно публикуется в газете "Diario las Américas" под рубрикой Rubí Astrologa.

Руби написал несколько статей по астрологии для ежемесячного издания "Астролог сегодня", вел занятия по астрологии, Таро, чтению ладоней, исцелению кристаллами, эзотерике. Ведет еженедельные видеосюжеты на астрологические темы на YouTube-канале "Нового Вестника". Ведет собственную астрологическую программу на телеканале Flamingo T.V., давала интервью нескольким теле- и радиопрограммам, ежегодно публикует "Астрологический ежегодник" с гороскопом по знакам и другими интересными мистическими темами.

Она является автором книг "Рис и бобы для души", часть I, II и III, сборника эзотерических статей, изданных на английском и испанском языках, "Деньги для всех карманов", "Любовь для всех сердец", "Здоровье для всех тел", "Астрологический ежегодник 2021", "Гороскоп 2022", "Ритуалы и заклинания для успеха в 2022 году "Заклинания и секреты", "Астрологические классы", "Ритуалы и чары 2024" и "Китайский гороскоп 2024" - все на семи языках.

У нее есть свой канал на YouTube, посвященный психологии, эзотерике и астрологии, где можно посмотреть видео о родственных душах, реинкарнации, языке тела, астральных путешествиях, сглазе, заклинаниях и многом другом.

Руби свободно владеет английским и испанским языками и сочетает в своих выступлениях все свои таланты и знания. В настоящее время она проживает в Майами, штат Флорида.

Более подробную информацию можно получить на сайте www.esoterismomagia.com.

Ангелина А. Рубина - дочь Алины Рубиной. С детства интересовалась всеми эзотерическими предметами, с четырех лет занималась астрологией и каббалой. Владеет Таро, Рейки и геммологи ей. Она является не только автором, но и редактором всех книг, изданных ею и ее матерью.

За дополнительной информацией обращайтесь к ней по электронной почте: rubiediciones29@gmail.com.